COLLECTION DE Monsieur L. G. R.

Vente des Jeudi 20 et Vendredi 21 Novembre 1913

HOTEL DROUOT SALLE N° 6

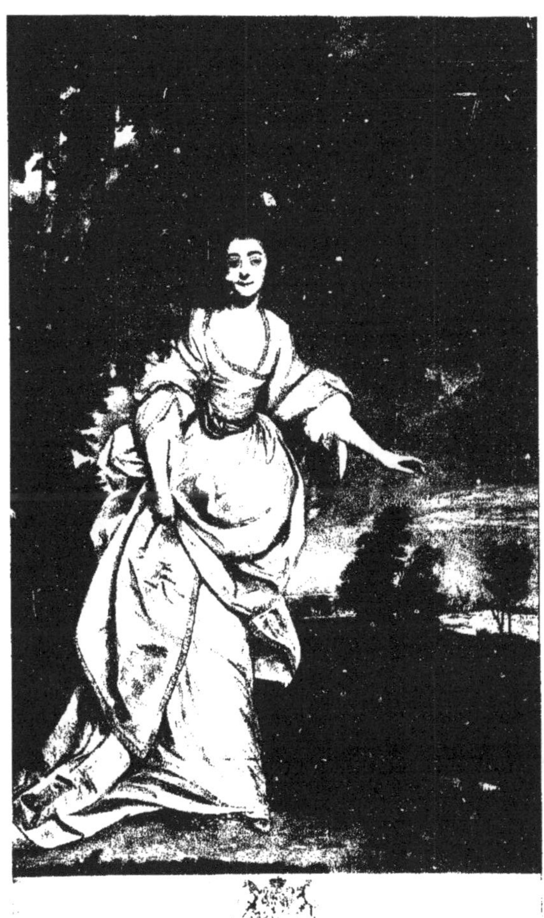

N° 257 du Catalogue.

ESTAMPES ANCIENNES

Mᵉ ANDRÉ DESVOUGES

M. LOYS DELTEIL

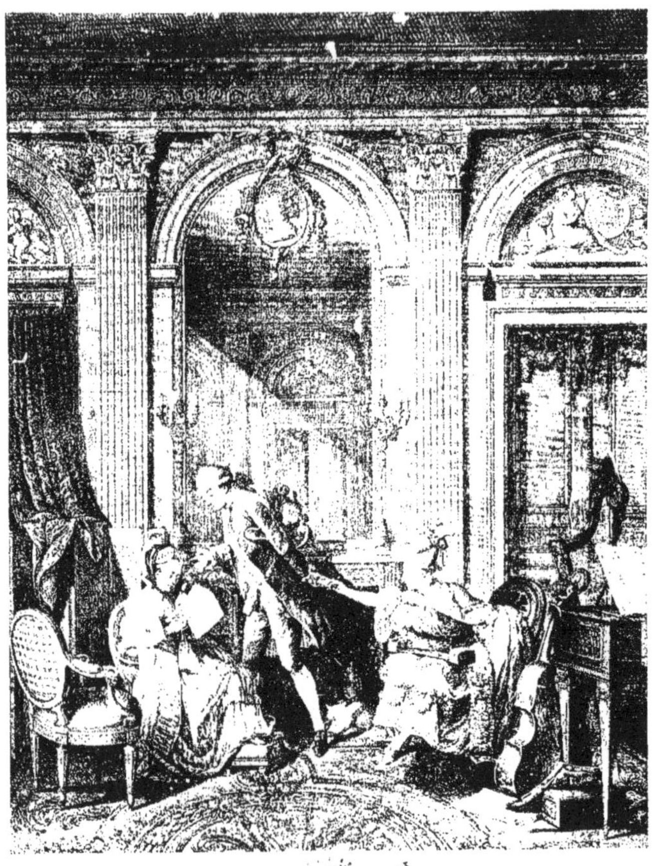

N° [illegible]87 du Catalogue

CATALOGUE

DES

ESTAMPES

ANCIENNES

PRINCIPALEMENT

DES

ÉCOLES FRANÇAISE et ANGLAISE

DU

XVIIIe SIÈCLE

Composant la Collection de Monsieur L. G. P.

Dont la vente aura lieu

à Paris, HOTEL DROUOT, Salle N° 6

Les Jeudi 20 et Vendredi 21 Novembre 1913

à 2 heures précises

Par le Ministère de Me ANDRÉ DESVOUGES

COMMISSAIRE-PRISEUR

26, Rue de la Grange-Batelière

Assisté de M. LOYS DELTEIL, Graveur et Expert

2, Rue des Beaux-Arts

CONDITIONS DE LA VENTE

Elle sera faite au comptant.

Les adjudicataires paieront *dix pour cent* en sus des enchères.

M. Loys Delteil remplira les commissions que voudront bien lui confier les amateurs ne pouvant y assister.

MM. les Amateurs pourront visiter la collection, 2, *rue des Beaux-Arts*, du Lundi 3 au Samedi 15 Novembre 1913, les *9, 11 et 12 exceptés*, de 2 heures à 5 heures.

Exposition Publique, Hôtel Drouot, Salle N° 6,
le Mercredi 19 novembre 1913, de 2 heures à 6 heures.

ORDRE DES VACATIONS :

le Jeudi 20 novembre . . . . Nos 1 à 160.
le Vendredi 21 novembre . . . . . Nos 161 à la fin.

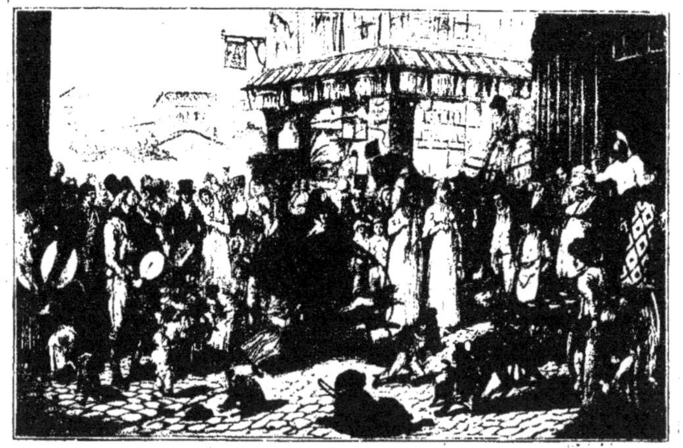

N° 318 du Catalogue.

DÉSIGNATION

AMÉRIQUE (Estampe relative à l')

1. General Washington, en pied, par Cheesman, d'apr. Trumbull, 1796. Très belle épreuve.

AUBRY (d'après Etienne)

2. Les Amans curieux, par Le Vasseur. Très belle épreuve.

3. La Première leçon fraternelle, par N. de Launay. Très belle épreuve.

AVRIL (J. J.)

4. Le Patriotisme Français. Très belle épreuve.

BALÉCHOU (J. J.)

5. Ste Geneviève, Patrone de Paris, d'apr. C. Vanloo. Belle épreuve.

BARTOLOZZI (F.)

6. Bartolozzi, par lui-même? Belle et très rare épreuve, *avant toute lettre.*

7. Lord Camden, d'apr. Gainsborough. Deux très belles épreuves (une à la *lettre grise*).

8. *The Royal Infant* (Pcss Charlotte Augusta), d'apr. Cosway, 1797. Superbe épreuve, *tirée en bistre.*

9. Miss Clive et Miss Charlotte Clive, d'apr. Tonelli. Très belle épreuve.

10. Condé (L. J. de Bourbon, Pce de), d'apr. Mme de Tott. Superbe épreuve, *avant toute lettre.*

11. Cox (Lieut' Colonel), d'apr. G. Hounsom, 1799. Deux épreuves (une avec retouches).

12. O. Cromwell, d'apr. R. Walker, 1802. Très belle épreuve.

13. G. A. Elliot, lord Heathfield, d'apr. A. Poggi. Superbe et très rare épreuve du 1er état, *avant toute lettre* et *avant les armes*, tirée en ton bistré.

14. Galles (Caroline Pss de) et la Pss Charlotte, d'apr. Cosway. Très belle et rare épreuve, *avant toute lettre.*

15. La même estampe, en même état et condition.

16. Giardini (Felice), musicien, d'apr. Cipriani. Très belle épreuve, *avant toute lettre.*

17. Godoï, P^ce de la Paix?, d'apr. C. Amatucci. Grand in-fol. Deux épreuves, une *avant la lettre*, très belle.

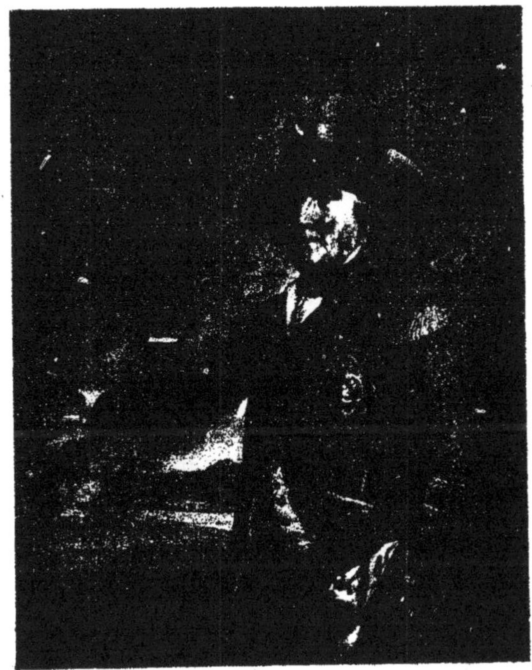

N° 13 du Catalogue.

18. Miss Gunning, d'apr. Saunders. Très belle épreuve.

19. *Portrait of Holbein's Wife*, d'apr. H. Holbein, 1798. Grand in-fol. Très belle épreuve. Rare.

20. Lansdown (G.), d'apr. Th. Gainsborough. Très belle épreuve, *avant toute lettre*.

21. Loughborough (Alex., lord), d'apr. J. Northcote. Très belle et très rare épreuve, *non terminée*.

22. Le Dauphin (Louis XVII) conduit au ciel auprès de la Famille Royale. Superbe épreuve, *avant toute lettre*.

23. Mary, Princesse et ses deux Sœurs Sophia et Amelia, d'apr. Copley. Très belle et très rare épreuve, *avant toute lettre*.

24. Napoléon Bonaparte, d'après A. Appiani. Magnifique épreuve, *avant toute lettre*.

25. Suffolk (Henri et Charles, ducs de), d'apr. Holbein. Cinq pièces. Très belles épreuves (2 *avant toute lettre*).

26. Mrs Udney, d'apr, R. Cosway. Très belle et très rare épreuve, *avant toute lettre, tirée en ton bistré*.

27. La même estampe. Très belle épreuve *avant l'encadrement*, avec le nom écrit : *Uldney*.

28. La même estampe. Très belle épreuve, encore *avant l'encadrement*, mais avec le nom du personnage écrit : *Adny*.

29. La même estampe. Très belle épreuve de l'état définitif, avec l'encadrement, et le nom écrit : *Udny*.

30. Miss Wallis. Très belle épreuve, *avant toute lettre* (petite épidermure).

31. Wellington, en pied, planche gravée par Bartolozzi, à l'âge de 83 ans. Belle épreuve.

32. La même estampe. Très belle épreuve.

33. Les deux Sœurs, d'apr. Diana Beauclerk, 1780. Superbe épreuve, *tirée en bistre*.

34. Portrait d'une Princesse, dans un entourage formé par des Amours. Très belle et très rare épreuve, *avant toute lettre*, *tirée en bistre.*

35. La même estampe. Très belle et très rare épreuve, *avant toute lettre*, seulement avec les initiales du graveur.

36. Portrait, allégorie, d'apr. Corbould. Superbe épreuve, *avant la lettre.*

37. Portraits d'une jeune fille et d'un enfant. De forme ovale. Belle épreuve, *avant toute lettre.*

38. La même estampe, en même état.

39. Portraits d'hommes, d'apr. Holbein. Quatorze pièces. Très belles épreuves (huit *avant la lettre*).

40. Portraits de Femmes d'apr. Holbein. Treize pièces. Très belles épreuves (sept *avant la lettre*).

41. Portraits d'Hommes. Trois pièces. Très belles épreuves, *avant toute lettre.*

42. Portraits d'Hommes. Trois pièces. Très belles épreuves, *avant toute lettre*, une avec la signature du graveur.

43. *Venus Recommending Hymen to Cupid — Cupid Refusing Love to Desire.* 2 pl. par Bartolozzi et Vendramini, se faisant pendants. Très belles épreuves. On a joint une épreuve *avant toute lettre* de la 1re pl., soit trois pièces.

44. *Venus recommending Hymen to Cupid.* Deux belles épreuves (une tirée en 2 tons et rehaussée, l'autre *avant toute lettre*).

45. Léda, par F. Bartolozzi. 1790. Très belle épreuve, *imp. en couleurs.*

46. Jupiter et Léda, d'apr. Vieira. Superbe épreuve, *avant toute lettre.*

47. *Bacchus amidst solitary Rocks teaching the Nymphes to mak verses*, d'apr. Ang. Kauffman. Deux très belles épreuves, (une *avant toute lettre*).

48. *Bacchante and Cupid* — *Nymph and Cupid*, 2 pl., d'apr. F. Vieira, se faisant pendants, une en double *avant la lettre*, soit trois pièces. Très belles épreuves.

49. Deux Anges. Superbe épreuve, *avant toute lettre.*

50. Séance du Corps Législatif à l'Orangerie de St Cloud, 1799, d'apr. F. Vieira. Très belle épreuve.

51. La même estampe. Très belle épreuve, *coloriée.*

52. Tancred and Clorinde — Tancred and Erminia. Deux pl. d'apr. Kauffman et Cipriani. Très belles épreuves, *tirées en sanguine* (la 1re à la *lettre grise*).

53. Roméo et Juliette, d'apr. Hamilton. Très belle épreuve, *avant la lettre.*

54. Scène de roman. In-fol. Très belle épreuve, *avant toute lettre.*

55. *The Power of Beauty*, d'apr. Cipriani, 1783. Très belle épreuve, *tirée en bistre.*

56. The Grecian Daughter, 1780. Très belle épreuve.

57. Jeune Fille à la Colombe — Jeune Fille à la couronne de lierre. Deux pl., se faisant pendants. Six épreuves, *avant toute lettre* (une non terminée).

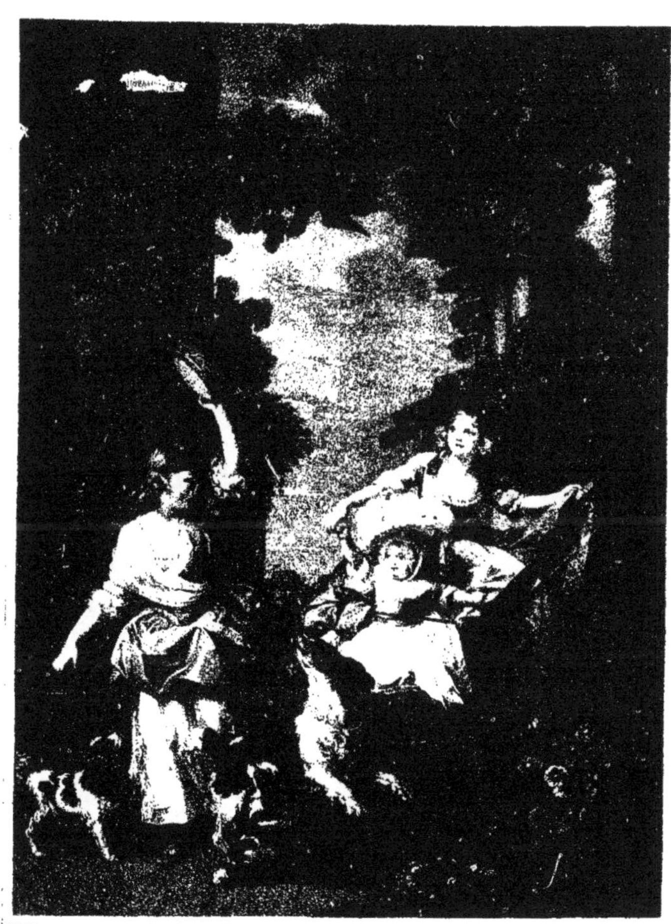

N° 23 du Catalogue.

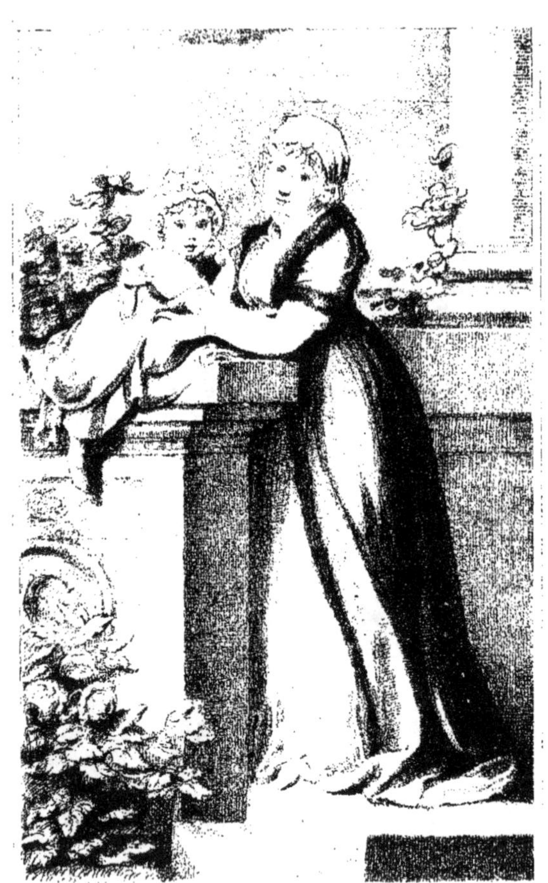

N° 14 du Catalogue.

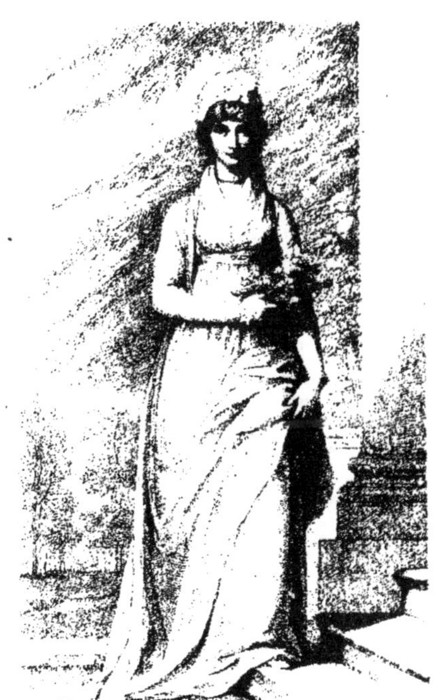

N° 20 du Catalogue.

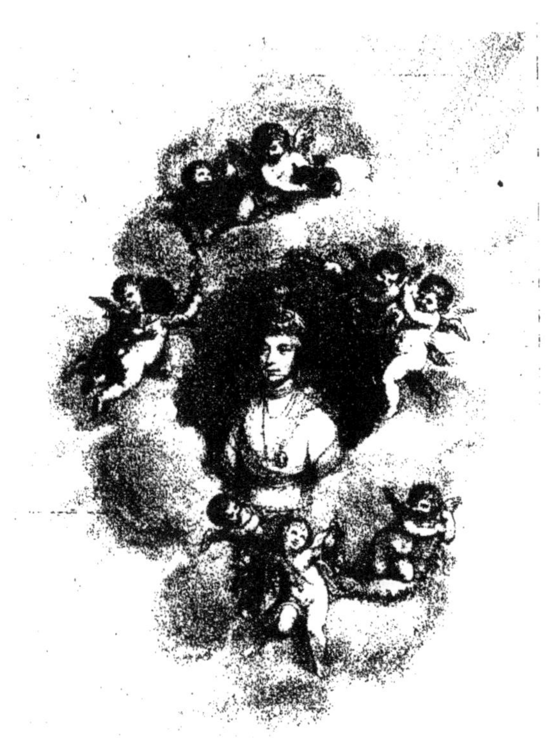

N° 34 du Catalogue.

58. Buste de Jeune Femme, d'apr. L. de Vinci, 1re et 2e planches. Trois pièces. Très belles épreuves, *avant toute lettre*, une *tirée en bistre.*

59. Comedy — Tragedy. Deux pl., d'apr. G. B. Cipriani, se faisant pendants. Superbes épreuves, *tirées en bistre.*

60. Jeune Femme à mi-corps. Deux pl., se faisant pendants. Quatre très belles épreuves *d'états différents, avant toute lettre.*

61. Amours forgeant des armes — (L'Enfant abandonné) — Scènes d'histoire et de roman — Paysage. Cinq pl., in-fol. Très belles épreuves, *avant toute lettre.*

62. Apollon — Femme au coffret — Music — Les Grâces au Tombeau de Raphaël — Virtue directed by Prudence to honor. Cinq pièces d'après A. Kauffman et Cipriani. Belles épreuves (3 *av. la lettre*).

63. Vignettes diverses. Vingt pièces. Très belles épreuves à l'*état d'eau-forte* ou *avant la lettre.*

BAUDOUIN (d'après P.-A.)

64. Le Chemin de la Fortune, par Voyez l'aîné (E. B. 14). Superbe épreuve.

65. Le Couché de la Mariée, par Moreau le Jeune et Simonet (16). Belle épreuve.

66. Le Danger du tête-à-tête, par Simonet (18). Superbe épreuve.

67. Le Modèle honnête, par Moreau le jeune et Simonet (34). Très belle épreuve.

68. La Rencontre dangereuse, par Le Veau (40). Superbe épreuve.

69. La Soirée des Thuileries, par Simonet (47). Très belle épreuve.

70. La même estampe, en même condition.

71. La Toilette, par N. Ponce (48). Très belle épreuve.

BEAUVARLET (J.-F.)

72. Pombal (S.-J. Carvalio, Mis de). Grand in-fol. Belle épreuve.

BEECHEY (d'après Sir William)

73. *His Most Gracious.... George the Third*, par B. Smith, 1804. Très belle épreuve.

BENAZECH (d'après C.)

74. Le Retour du Laboureur — La Liberté du Braconnier, deux pl., par Ingouf le jeune, se faisant pendants. Trois très belles épreuves, une d'état différent.

BEYS et AGRICOLA (d'après)

75. Vie du Pape Pie VI. Suite de 20 pl., par Bonato, Campanella, Petrini, etc. Belles épreuves.

On y a joint une seconde série (incomplète d'une pl.).

BIGG (d'après W.-R.)

76. *Sunshine*, par J. Ogborne, 1792. Très belle épreuve.

BOILLY (d'après L.)

77. Réunion d'Artistes, par A. Clément. Très belle épreuve, avec la pl. explicative.

78. La Comparaison des petits Pieds, par Chaponnier. Très belle épreuve.

79. La Crainte mal fondée — La Tourterelle Chérie. Deux pl., par Allais, se faisant pendants. Très belles épreuves.

80. La Serinette, par Honoré. Superbe épreuve.

81. La Surprise, par Honoré. Très belle épreuve.

BONNET (L. Marin)

82. *The Danger of Sleep — The True Paternal Care*, 1777. Deux pièces, se faisant pendants. Magnifiques épreuves, *imp. en couleurs, avec* le cadre *en or*.

BOSIO (d'après D.)

83. Bal de Société. Belle épreuve, *coloriée* (légères épidermures).

BOUCHER (d'après F.)

84. Les Bacchantes endormies, par R. Gaillard. Très belle épreuve.

85. La Marchande de Modes, par R. Gaillard. Très belle épreuve. Rare.

86. La Belle Cuisinière — La Belle Villageoise. Deux pl., par Aveline et Soubeyran, se faisant pendants. Belles épreuves.

87. Le Moineau apprivoisé, par R. Gaillard. Très belle épreuve.

88. Les Villageois à la pêche, par R. Gaillard. Très belle épreuve.

89. Scènes chinoises : L'Audience de l'Empereur — La Danse — La Chasse, etc., 5 pl. (sur 6 ?), par Huquier. Très belles épreuves.

90. Moulin près de Chatou, par Basan. Très belle épreuve.

91. Seconde Vue de Beauvais, par Le Bas. Très belle épreuve.

92. Vues de Charenton. Deux pl. par Le Bas, se faisant pendants. Très belles épreuves.

BOUNIEU (d'après)

93. La Confiance, par Jubier. Bonne épreuve, *imp. en couleurs.*

BOVI (Mariano)

94. Vénus endormie sur le Lit de Mars — (Vénus réveillée par les Amours). Deux pl. d'apr. L. David et Diana Beauclerck, se faisant pendants. Très belles épreuves, *imp. en couleurs* (la seconde *avant la lettre*).

95. Scènes d'Enfants. 7 pièces. Très belles épreuves, *imp. en couleurs.*

BRANDT FILS (d'après)

96. Vue de l'Adige — Vue de Landeck. Deux pl. par Dequevauviller, se faisant pendants. Très belles épreuves, toutes marges.

BUNBURY (d'après Henry)

97. Compositions pour les Œuvres de Shakespeare. Vingt-et-une pl. in-fol., par F. Bartolozzi, Vanden Bergh, Meadows, Shenner, J. Coles, etc. Très belles épreuves à toutes marges (une *avant toute lettre*).

CARDELLI (J.)

98. Alexandre Ier, en pied, d'apr. F. Gérard. Belle épreuve.

CARESME (d'après Ph.)

99. L'Aveugle trompé — L'Aveugle détrompé. Deux pl. par Wossenick, se faisant pendants. Superbes épreuves, *imp. en couleurs.*

CARMONTELLE (L. Carogis de)

100. Voltaire, en pied, 1778. Très belle épreuve.

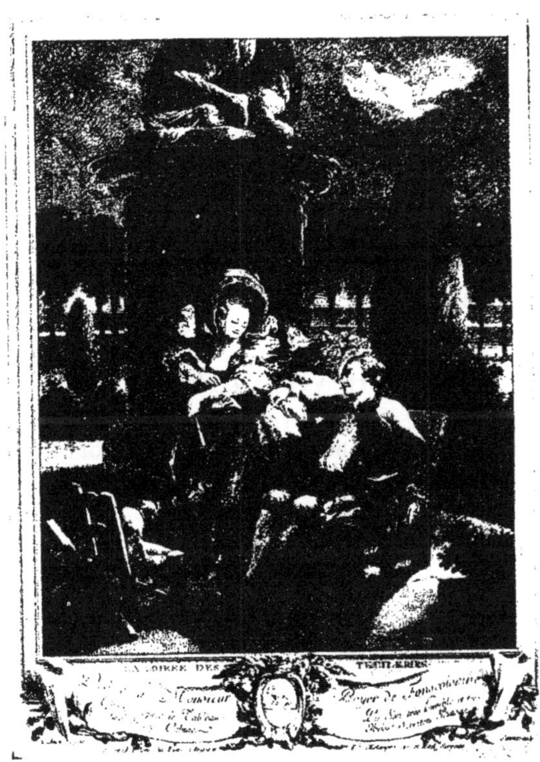

N° 69 du Catalogue.

CHALLE (M. A.)

101. Baigneuses (P. de B. 1-2). Deux pièces. Très belles épreuves.

CHARDIN (d'après J. B. S.)

102. Le Négligé ou Toilette du matin, par Le Bas (38). Belle épreuve.

CHEESMANN (T.)

103. Adelaïde, 1796. Belle épreuve, *tirée en plusieurs tons* et rehaussée (cassure).

CHENU (P.) — BEAUVARLET (F.)

104. Le Ménage du Chimiste, d'apr. Th. Wyck — La Fruitière, d'apr. Vanasse. Deux pl. Très belles épreuves.

CHEREAU (F.) — SURUGUE (L.)

105. Geoffroy (M. F.) — Geoffroy (S. F.). Deux pl. d'apr. N. de Largillierre. Très belles épreuves.

CHEVILLET (Juste)

106. La Santé portée — La Santé rendue. Deux pl. d'apr. G. Terburg, se faisant pendants. Belles épreuves.

CHOFFARD (P. P.)

107. Vue de la Bourse de Dunkerque, d'apr. Hardy. Très belle épreuve.

COCHIN FILS (d'après C. N.)

108. Conquêtes de l'Empereur de la Chine. Seize pl. grand in-fol. par Le Bas, Aliamet, N. De Launay, Masquelier, etc. Très belles épreuves.

109. Les Ages. Suite de 4 pl., par Cochin fils, Schmidt, Beauvais et Mme Dubos. Belles épreuves.

COLLINS (J.)

110. Cathédrales d'York, de Salisbury, de Wels et de Lincoln. Quatre pl. Belles épreuves.

COQUERET (P. C.)

111. Beurnonville — Moreau — Pichegru. Trois pl., d'apr. H. Le Dru. Très belles épreuves.

COSWAY (d'après R.)

112. Mrs Cosway, par L. Schiavonetti, 1791. Très belle épreuve, *tirée en bistre.*

113. *The Honble Mrs Damer*, par L. Schiavonetti, 1791. Belle épreuve *tirée en bistre.*

DEBUCOURT (P. L.)

114. Humanité et bienfaisance du Roi, gravé par Guyot, 1787 (M. Fenaille 10). Superbe épreuve *imp. en couleurs, avant* l'adresse de Basset.

115. Les Galans surannés ou les Petits Papas à la Mode (165). Très belle épreuve.

116. Les Courses du Matin ou la Porte d'un Riche (173). Très belle épreuve.

DIETRICY (d'après C. W. E.)

117. La Nappe d'eau, par Benazech — Le Matin, par H. Guttenberg — L'Après-Midi, par R. Daudet. Trois pl. Très belles épreuves.

DREVET (P.)

118. Lambert de Thorigny (N.), d'apr. N. de Largillierre (80). Belle épreuve.

DROUAIS (d'après F. H.)

119. Le Comte d'Artois et Mlle Clotilde, sa sœur, par Beauvarlet. Très belle épreuve.

DUCLOS (A. J.)

120. La Reine annonçant à Mme de Bellegarde, des Juges et la liberté de son mari, en mai 1777. Très belle épreuve.

DUGOURE (d'après)

121. Le Lever de la Mariée, par Trière. Très belle épreuve.

DUMÉNIL (d'après)

122. La Dame de Charité — Le Prêtre du Catéchisme. Deux pl., par Claire Tournay. Très belles épreuves.

DYCK (d'après Ant. van)

123. *Charles the First, King of England and the Duke d'Espernon*, par B. Baron, 1770. Belle épreuve.

124. Nassau et sa Famille (Jean, Cte de), par B. Baron, 1761. Belle épreuve.

EARLOM (Richard)

125. *The Holy Family* — Repos de la Ste Famille, 2 pl., d'apr. Rubens et le Corrège. Belles épreuves.

EDELINCK (Gérard)

126. Léonard (Frédéric), d'apr. H. Rigaud (242). Belle épreuve.

EISEN (d'après F.)

127. L'Amour en ribote — Les Dragons de Vénus. Deux pl., se faisant pendants. Belles épreuves.

128. L'Ecole Hollandoise, par J. Ouvrier. Très belle épreuve.

129. La même estampe, en même condition.

EISEN (d'après Charles)

130. L'Accord de Mariage, par R. Gaillard. Très belle épreuve.

131. Le Jour — La Nuit. Deux pl., par Patas, se faisant pendants. Belles épreuves.

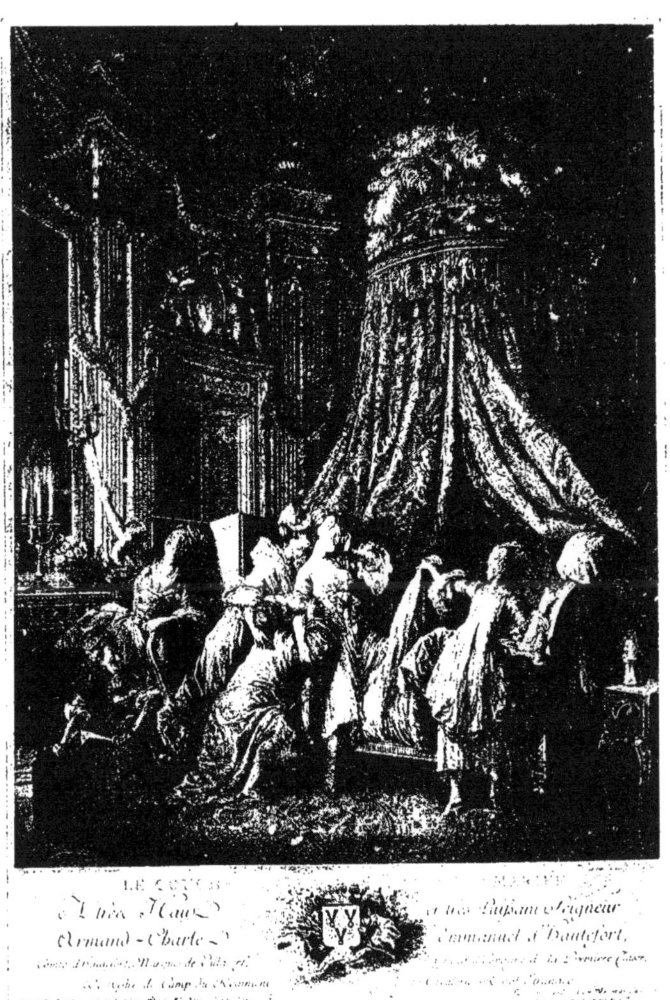

N° 93 du Catalogue.

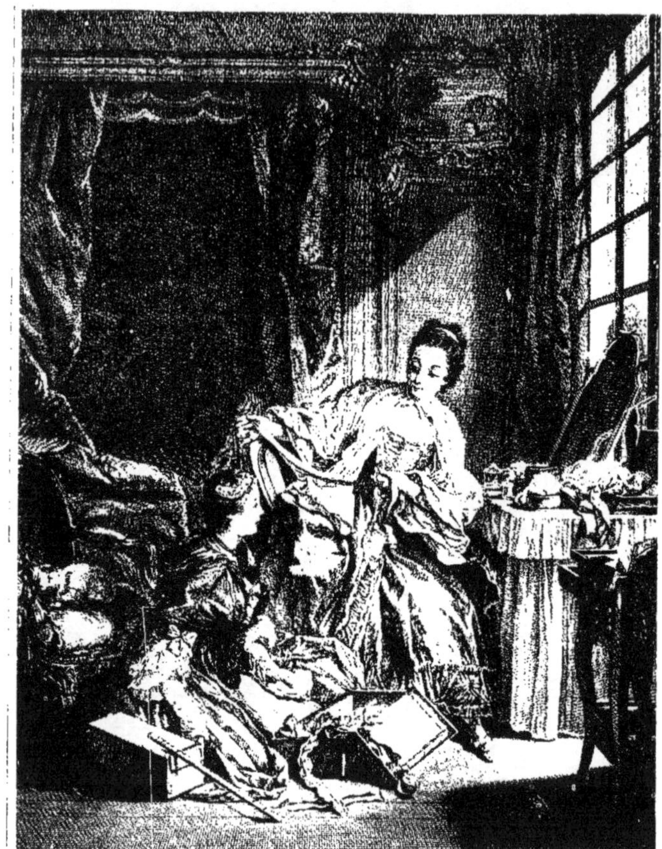

LA MARCHANDE DE MODES

N° 85 du Catalogue.

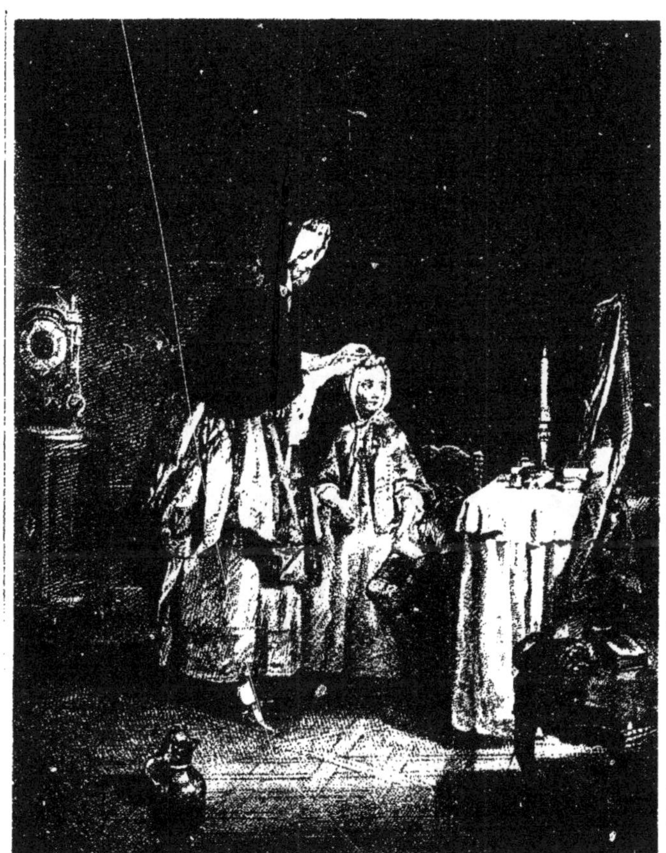

N° 102 du Catalogue.

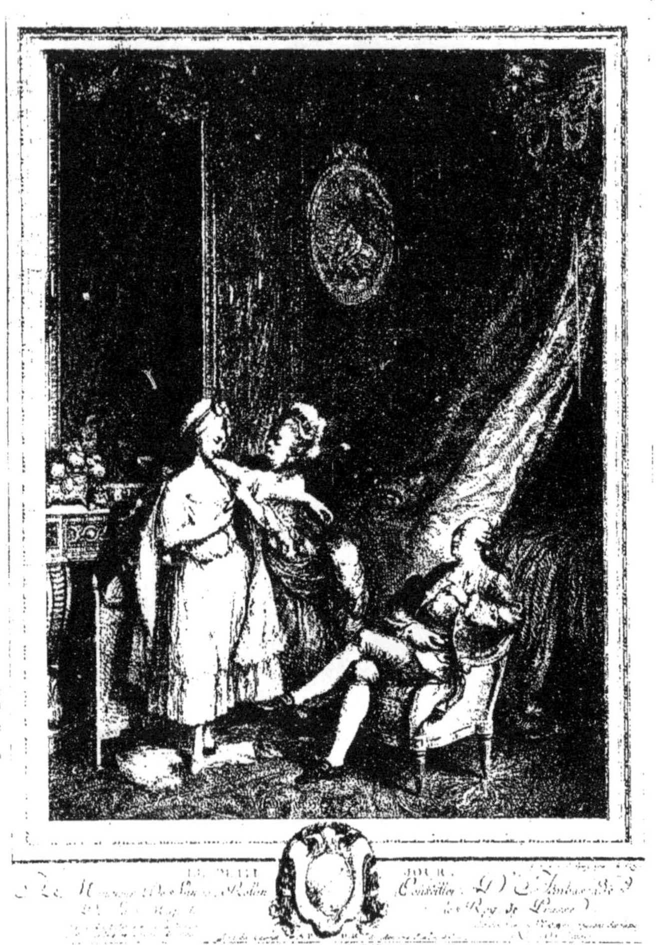

N° 116 du Catalogue.

EREDI (C.)

132. Luisa Maria Amalia — Archiduchesse d'Austria — Ferdinando Terzo. Deux pièces. Belles épreuves.

FALENS (d'après C. van)

133. Retour de Campagne — L'Utile accident. Deux pl., par Basan, se faisant pendants. Très belles épreuves.

FRAGONARD (d'après Honoré)

134. Les Baignets, par N. De Launay. Très belle épreuve.

135. Dites donc, s'il-vous-plait, par N. De Launay. Belle épreuve.

136. Les Hazards Heureux de l'Escarpolette, par N. De Launay. Très belle épreuve *avant la dédicace, avec* la faute (petites épidermures dans le titre et la marge du bas).

137. La Nouvelle du Retour, par Ruotte. Très belle épreuve.

FREUDEBERG (d'après S.)

138. Le Bain, par Romanet. Superbe épreuve, *avant le n°.*

139. Le Boudoir, par Maleuvre. Superbe épreuve, *avant le n°.*

140. Les Confidences, par Lingée. Superbe épreuve, *avant le n°.*

141. Le Lever, par A. Romanet. Superbe épreuve, *avant le n°.*

142. La Gaieté conjugale, par N. De Launay. Très belle épreuve.

143. Le Galant chirurgien, par Trière. Très belle épreuve.

144. Lison dormoit, par Trière. Très belle épreuve.

145. La même estampe. Très belle épreuve, *tirée en 3 tons* et *coloriée*.

146. Le Petit Jour, par N. De Launay. Superbe épreuve.

GAILLARD (R.)

147. L'Agréable lecture, d'apr. Balko. Très belle épreuve.

GAINSBOROUGH (d'après Th.)

148. Pitt (W^m^), par Sherwin, 1789. Belle épreuve.

GÉRARD (d'après Mlle)

149. Le Présent — Je M'occupois de vous. Deux pl., par G. Vidal, se faisant pendants. Très belles épreuves.

GONZALÈS (d'après)

150. Les Prémices de l'Amour-propre, par C. Macret. Très belle épreuve.

GOYA (F.)

151. Felipe III — Marguerite d'Autriche (230-231). Deux pl. d'apr. Velasquez. Très belles épreuves.

152. Un Nain assis, d'apr. Velasquez (245). Très belle épreuve.

GRAHAM (d'après)

153. *The Murder of David Rizzio — Margaret of Anjou prisoner before Edward the IVth.* Deux pl. par W. Dickinson, se faisant pendants. Très belles épreuves, à *la lettre grise*.

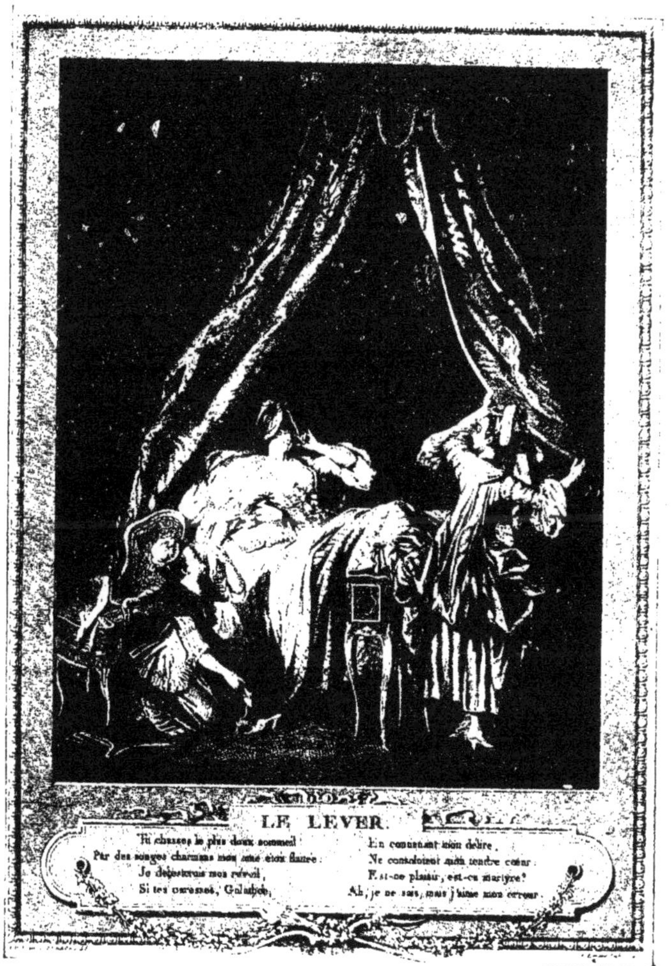

N° 141 du Catalogue.

GREUZE (d'après J.-B.)

154. Les Enfans surpris, par Elluin. Très belle épreuve.

155. Le Malheur imprévu, par R. De Launay. Très belle épreuve.

156. La Marchande de pommes cuites — La Marchande de Marrons. Deux pl. par Beauvarlet, se faisant pendants. Très belles épreuves.

157. La Paix du Ménage, par Moreau le jeune et Ingouf.

158. Les Premières leçons de l'Amour, par Voyez l'aîné. Belle épreuve.

159. Les Soins maternelle (*sic*), par Beauvarlet. Superbe épreuve.

GREUZE et CARRACHE (d'après)

160. *Plegaria al Amor* — *Amor maligno*. Deux pl., par Molès et Estève, se faisant pendants. Très belles épreuves.

GUYOT (Laurent)

161. Action de Joseph Chretien, qui a remporté le prix de vertu à l'Académie Française en 1786 — Action courageuse qui a méritée le prix à l'Académie d'Amiens en 1786. Deux pl., d'ap. G. Texier, se faisant pendants. Superbes épreuves, *imp. en couleurs*.

HUET (d'après J.-B.)

162. L'Amour couronné par les Grâces — Les Grâces enchaînées par l'Amour. Deux pl., par Chaponnier, se faisant pendants. Superbes épreuves, *imp. en 2 tons*.

163. Les Fermières, par J.-B. Huet fils. Très belle épreuve.

JANINET (J.-F.)

164. Marie-Antoinette, 1777. Magnifique épreuve, *imp. en couleurs*, grandes marges.

165. Mlle Duthé, d'apr. Lemoine. Magnifique épreuve, *imp. en couleurs*, à grandes marges.

166. Le brave Crillon, d'apr. Le Barbier. Très belle épreuve, *imp. en couleurs.*

167. Vénus à la Colombe — Sommeil de Diane. Deux pièces, d'après Le Barbier, se faisant pendants. Magnifiques épreuves, *imp. en couleurs.*

168. L'Agréable négligé, d'après P.-A. Baudouin. Magnifique épreuve, *imp. en couleurs.*

169. Le Baiser de l'Amitié, d'apr. Doublet. Magnifique épreuve, *avant toute lettre*, *imp. en couleurs.*

170. La Compagne de Pomone, d'apr. Le Clerc. Superbe épreuve, *imp. en couleurs.*

171. La Crainte enfantine, d'apr. Freudeberg. Magnifique épreuve, *imp. en couleurs.*

172. La Noce de village, d'apr. P.-A. Wille fils. Magnifique épreuve, *avant toute lettre* et *avant* l'encadrement, *imp. en couleurs*, grandes marges.

173. Les Restes d'un Palais Egyptien — Vestiges d'un Temple de la Grèce. Deux pl., d'après J.-P. Pannini, se faisant pendants. Superbes épreuves, *imp. en couleurs.*

174. La Baraque rustique — La Chaumière Flamande. Deux pl., d'apr. A. van Ostade, se faisant pendants. Superbes épreuves, *imp. en couleurs.*

175. Le Nouvéliste *(sic)*, d'apr. A. van Ostade. Très belle épreuve, *imp. en couleurs.*

176. La Tabagie hollandaise, d'apr. A. van Ostade. Superbe épreuve, *imp. en couleurs.*

JORDAENS (d'après J.)

177. Le Roi de la fève, par Poletnich, 1769. Très belle épreuve, *avant la lettre*.

KAUFFMAN (d'après Angelica)

178. Pomona, par Tomkins, 1783. Très belle épreuve, *tirée en bistre*.

KOSTER et TOWNE (d'après S. de)

179. *The Warrener*, par Nutter, 1799 — *The Pedlar*, par E. Bell, 1802. Deux pl. grand in-fol. Très belles épreuves.

LA CROIX (d'après de)

180. Tour du Grec, au Golfe de Naples — Vue de Naples du côté du Château Neuf — IIIe Vue près de Tivoli — La Cascade de Tivoli — L'Approche d'un port fortifié — Port St Laurent, en Corse. Six pl. par Le Veau, Blanchon et Suntach. Très belles épreuves.

LALLEMAND (d'après J.-B.)

181. L'Atelier du Peintre — La Cuisine bourgeoise. Deux pl. par Basan, se faisant pendants. Très belles épreuves.

LANCRET (d'après N.)

182. Grandval, par Le Bas (38). Belle épreuve (pli).

LANTARA (d'après)

183. Vue du Pec, village près St Germain en Laie. Deux très belles épreuves.

LARGILLIERRE (d'après Nic. de)

184. Mlle Duclos, par L. Desplaces. Belle épreuve (2 petites cassures).

185. Titon Du Tillet (E.), par Petit. Très belle épreuve.

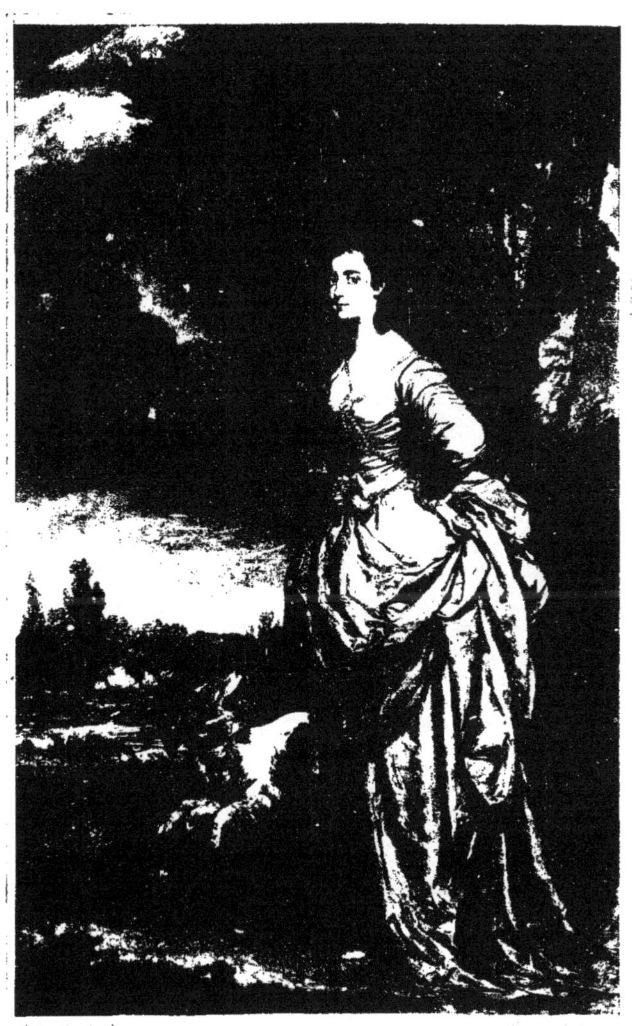

N° 259 du Catalogue.

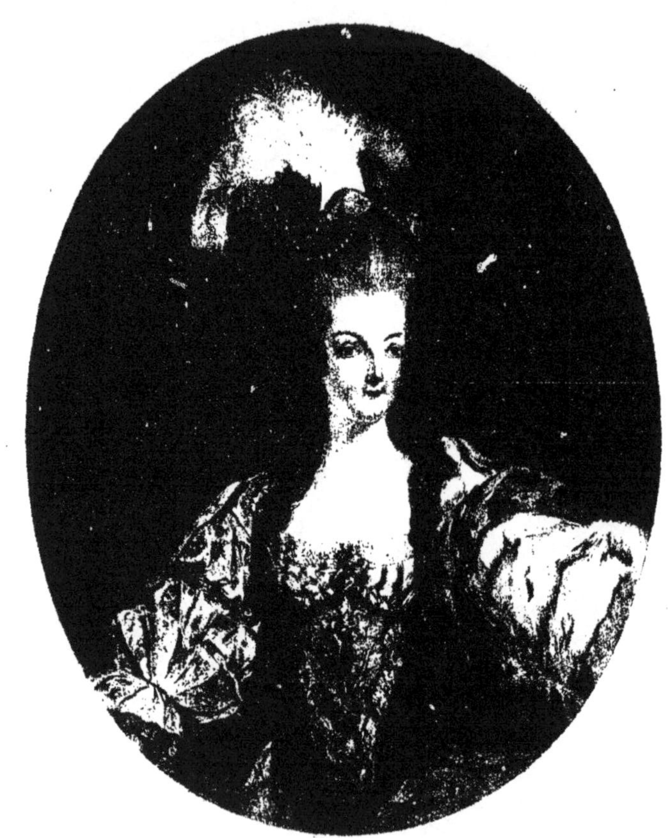

N° 104 du Catalogue.

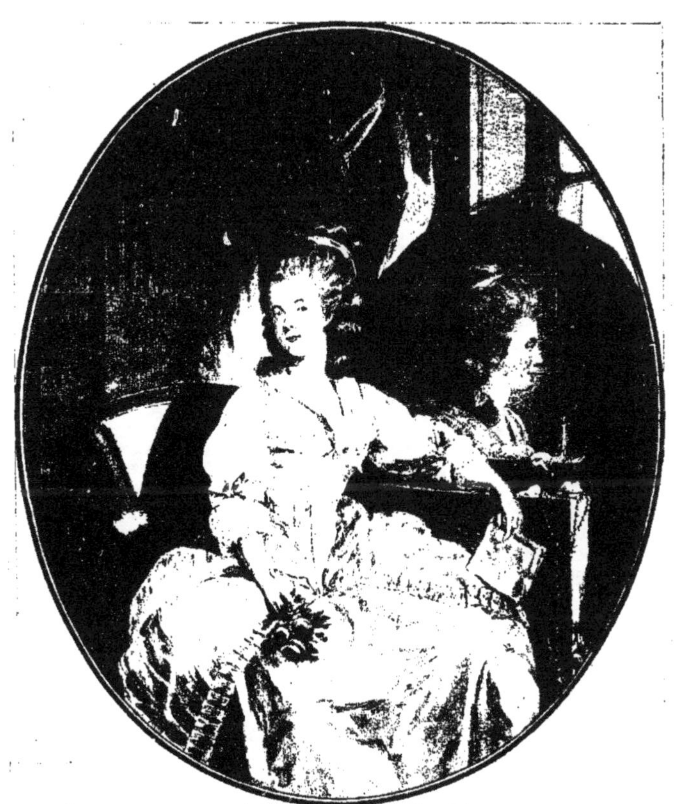

N° 105 du Catalogue.

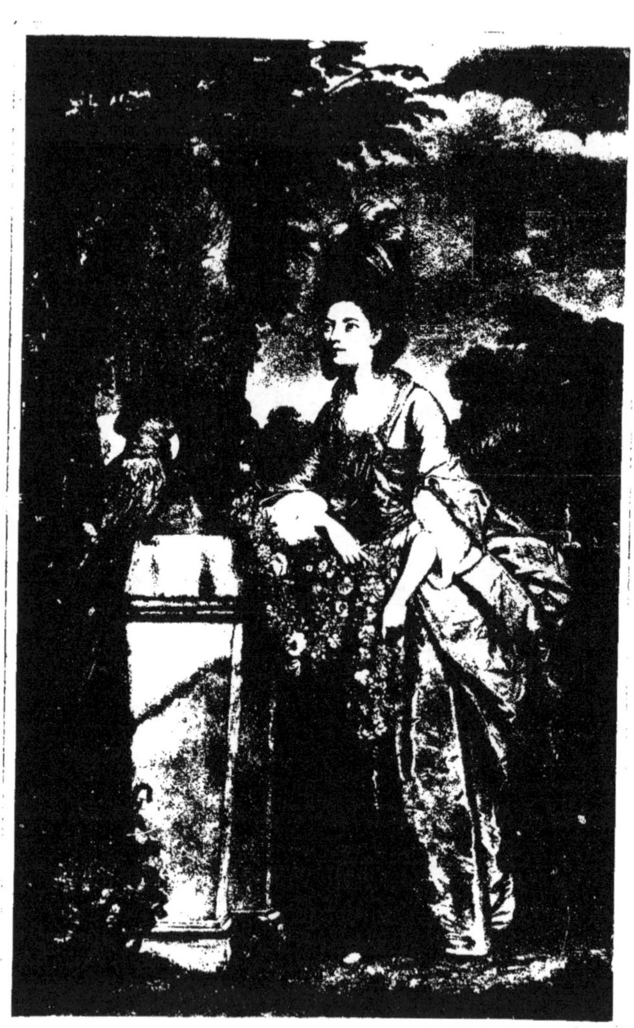

N° 258 du Catalogue.

LAURENCE (d'après sir Th.)

186. *The Right Honble William Lord Auckland*, par W. Dickinson, 1796. Très belle épreuve.

LAVREINCE (d'après Nic.)

187. Le Billet doux — Qu'en dit l'Abbé ? Deux pièces par N. De Launay, se faisant pendants (10 et 51). Très belles épreuves.

LE BAS (J.-Ph.)

188. *Le Roy étant sur la plage de la rade du Havre voit lancer 3 Navires,, le 20 septembre 1749*, d'apr. Descamps. Très belle épreuve (pli).

189. *Recueil des plus belles ruines de Lisbonne causées par le tremblement et par le feu du premier Novembre 1755*, titre et suite de 6 pl., d'apr. Paris et Pedegachi. Belles épreuves.

LE GRAND (Augustin)

190. J.-J.-Rousseau ou l'Homme de la Nature. Très belle épreuve, *imp. en couleurs*.

LE NAIN (d'après)

191. L'École Champêtre — La Surprise du Vin. Deux pl., par Daullé, se faisant pendants. Belles épreuves.

LESPINASSE (d'après le Ch[r] de)

192. Vues intérieures de Paris. Trois pièces, par Berthault, 1785-1788. Très belles épreuves du 1er tirage *avec les armes*.

LEVACHEZ

193. *Oh ! c'est bien ça*. Belle épreuve du 1e tirage.

LE VEAU (J.-J.)

194. Vue proche du Mont-Ferrat — Les Pêcheurs des Monts Pyrénées — La Cascade de Tivoli — 2ᵉ vue des Environs de Bayonne — L'Aqueduc italien. Cinq pl. d'apr. J. Vernet. Belles épreuves.

194 *bis*. Arrivée à Flessingue — Port de Flessingue, 2 pl. d'après B. Peters — Vue de Naples, d'après de la Croix — Vue proche du Mont-Ferrat, d'après J. Vernet. Quatre pl. Très belles épreuves.

LITTRET (C.-A.)

195. Vue de la Foire de Beaucaire. Grand in-fol. Belle épreuve.

LOPEZ (Thomas)

196. *Fernando VII, rey de España e Indias*. Quatre superbes épreuves.

LOUTHERBOURG (d'après J.-P. de)

197. *Destruction of the Spanich Armada*, par Stadler et Pollard, 1797. Très belle épreuve, *coloriée*.

LOUTHERBOURG — LE PRINCE — HOUEL

198. Le Troupeau, par P. Laurent — Le Four à chaux, par N. De Launay — Les Nappes d'eau, par F. Godefroy — Halte de Voyageurs, par Pfenninger. Quatre pl. Très belles épreuves.

MACHADO (G.-F.)

199. Allégorie sur la naissance de Don Pedro d'Alcantara, d'apr. Gracia. Deux très belles épreuves.

MARTIN

200. Le Général Elliot, d'apr. de Glim. Belle épreuve.

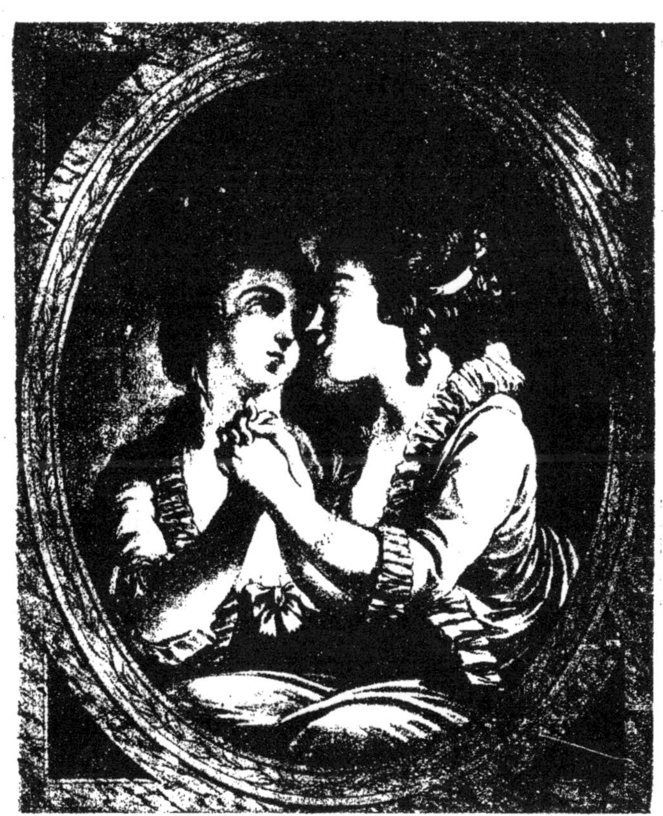

N° 169 du Catalogue.

MASSON (Ant.)

201. Charrier (G.), d'apr. Th. Blanchet (16). Très belle épreuve (petite tache).

MEDLAND et POUNCY (T.)

202. *Morning* et *Evening the glorious first of June 1794*. Deux pl. d'apr. R. Cleveley, se faisant pendants. Belles épreuves, une en double *avant la lettre*.

MOLINARI (à Londres, chez P.)

203. *Lewis XVII — Princess of Wales — The Arch-Duke Charles of Austria*, 1795-1797. Trois pièces. Très belles épreuves.

MOREAU le Jeune (par et d'après J.-M.)

204. Couronnement de Voltaire, sur le Théâtre Français, 1778, par Gaucher (261). Très belle épreuve, *avant les armes*.

205. Ouverture des Etats Généraux à Versailles, 5 mai 1789. Très belle épreuve, *avec* la liste des députés.

206. Vue de la Place Neuve de Louis XV, le Bien-Aimé, par Taraval. Superbe épreuve.

207. Vignettes pour les *Chansons* de Laborde. Six pièces. Belles épreuves (2 *avant la lettre*).

MORETH (d'après)

208. Amusement espagnol — Danse espagnole — Vues des Environs de Groslay, 4 pl. par J. Deny. Très belles épreuves.

MORGHEN (Raphaël)

209. La Cène, d'après L. de Vinci. Grand in-fol. Très belle et rare épreuve, *avant toute lettre*, toute marge (quelques piqûres).

210. La Transfiguration, d'après R. Sanzio. Grand in-fol. Très belle épreuve, toute marge (légères piqûres).

211. Vénus et Adonis, d'apr. Titien. Belle épreuve,

212. Moncade (Fr. de), d'apr. Ant. van Dyck. Grand in-fol. Très belle épreuve, toute marge.

MORLAND (d'après Georges)

213. Fishermen — Smugglers. Deux pl., par J. Ward, 1793, formant pendants. Très belles épreuves.

214. *Sheep* — *Cows*. Deux pl., par E. Bell, 1798, se faisant pendants. Très belles épreuves, toutes marges.

215. Variety, par Bartolotti. Très belle épreuve.

NANTEUIL (Robert)

216. Ste Famille, d'apr. Cl. Mellan, 1645 (R. D. **2**). Belle épreuve. Rare.

217. Bartillat (E. J. de), 1666 (**32**). Superbe épreuve du 1er état.

218. Bouillon (G.-M. de la Tour-d'Auvergne, duc de) (49). Belle épreuve du 4e état. (sur 5).

219. Bouillon (G.-M. de la Tour-d'Auvergne, duc de) (50). Belle épreuve.

220. Mesmes (J.-A. de), 1655 (192). Très belle épreuve du 1er état.

221. Regnauldin (Cl.) 1658 (**216**). Très belle épreuve du 1er état (doublée).

222. Turenne (H. de la Tour-d'Auvergne, Vte de) d'apr. Ph. de Champaigne (**232**). Très belle épreuve.

NAPOLÉON Ier (Estampes relatives à)

223. Napoléon-le-Grand, par N. Bertrand, d'après L. David. Grand in-fol. Très belle épreuve.

224. Napoléon-le-Grand, par Boucher-Desnoyers, d'apr. F. Gérard. Très belle épreuve, *avec* le cachet des Ptolémée.

225. Napoléon Ier — Joséphine — Pie VII. Trois pl. par A Contardi, d'apr. H. Buguet et J.-B. Wicar. Superbes épreuves, *tirées en 2 tons* et rehaussées.

226. Napoléon le Grand, par Simon, d'apr. C. Vernet — Clémence de sa Majesté l'Empereur et Roi. Deux pièces. Très belles épreuves.

227. Caricatures relatives à Napoléon Ier. Seize pièces. Très belles épreuves, *coloriées*.

NATTIER (d'après J. M.)

228. Marie (Leczinska) Princesse de Pologne, par J. Tardieu. Belle épreuve.

229. Mme Adelaïde de France (l'Air) — Mme Marie Louise Thérèse Victoire de France (l'Eau). Deux pl., (d'une suite de 4) par Beauvarlet et Gaillard. Très belles épreuves.

230. Flore à son lever (Mme du Bocage), par Malœuvre. Très belle épreuve.

231. La Nuit passe, l'Aurore paraît (Dsse de Chateauroux), par Malœuvre. Très belle épreuve.

NOEL (d'après)

232. Vue du Port de Lisbonne, par Allix. Belle épreuve.

OGBORNE (J.)

233. Bathing Horses at Brighton, d'apr. Bourgeois, 1802. Très belle épreuve.

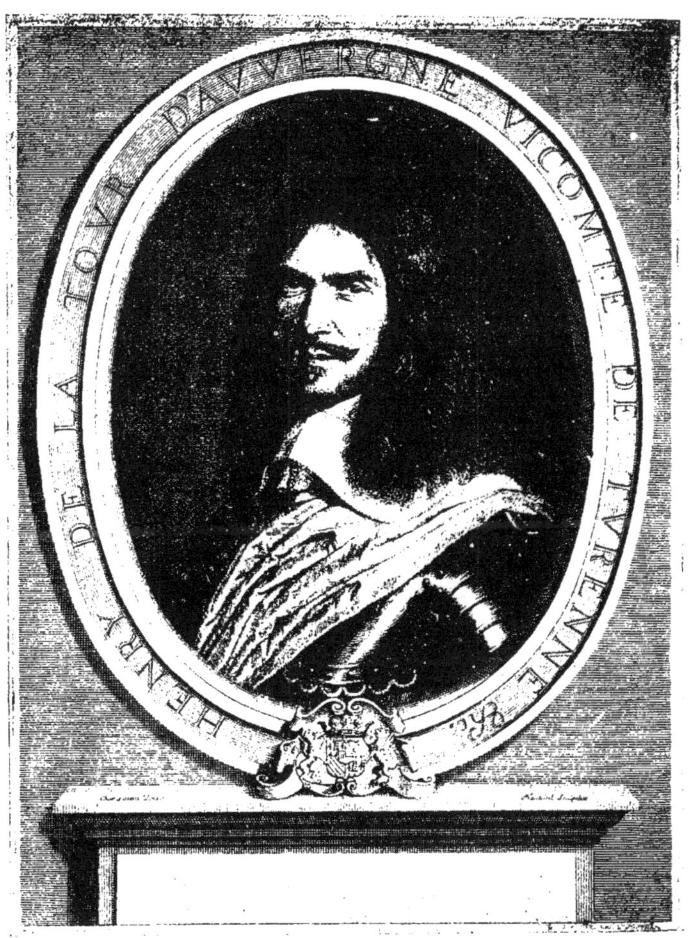

N° 222 du Catalogue.

OPIE (d'après J.)

234. Le Mal d'Amour ou le Médecin embarrassé — La Jeune Fille découverte ou le Père fâché. Deux pl. par A. Chaponnier, se faisant pendants. Très belles épreuves *tirées en 3 tons* et *coloriées.*

OSTADE (d'après A. van)

235. Le Jeu de courte boule, par Benazech. Très belle épreuve.

OSTADE — BEGA — DIETRICY (d'après)

236. La Femme rusée — Le Café Hollandais — Le Jardinier — La Nappe d'eau. 4 pl. par Basan et Beauvarlet. Très belles épreuves.

PANNINI (d'après J. P.)

237. Les Ruines de l'Attique — Les Ruines du Péloponèse. Deux pl. par Tardieu et de Lorraine, se faisant pendants. Très belles épreuves.

PANINI (d'après Francesco)

238. Vues de Rome, 27 pl. grand in-fol., par J. Volpato, Ottaviani, Barbazza, Vasi, etc. Très belles épreuves à toutes marges.

PETERS (d'après W.)

239. Sir John Fielding, par Dickinson, 1778. Belle épreuve.

PIÈCES HISTORIQUES

240. *Dessein exacte de l'embarquement pompeux fait sur le Danube... par François Ier...et Joseph II... le 3 Avril 1764*, par L. Rugendas. Belle épreuve.

241. Scènes relatives à Louis XVI et à Marie-Antoinette depuis l'arrestation de Varennes, 12 pl. par Silano, Baleverest, etc. Belles épreuves.

242. *The Storming of Seringapatam*, par Vendramini, d'apr. Porter. Grand in-fol. Très belle épreuve.

243. *Collection de Douze Estampes... représentant les résultats des plus mémorables victoires remportées par les armées russes, en 1812.* Titre et dix pl. (sur 12), par Fedoroff, Beggrow, d'apr. Scotti. On a joint 2 pl. (Leipzig et Moscou), soit 12 pièces.

PILLEMENT (d'après J.)

244. La Gazette de Londre (sic), par F. Ravenet, 1761. Très belle épreuve.

245. Les Heures du Jour. Suite de 4 pl., par P. C. Canot et Mme Elliot. Très belles épreuves.

246. L'Arrivée des Barques Marchandes — Le Port aux Barques. Deux pl., par Canot et Benazech, se faisant pendants. Très belles épreuves.

247. La Grange, par W. Sherlock — La Sortie du Bois, par W. Elliott. Deux pl. Très belles épreuves.

PORTRAITS

248. Allégories en l'honneur de Necker, 3 pl. in-fol. (une *avant toute lettre*, une autre tirée en *plusieurs tons* et rehaussée).

249. Statue équestre de Joseph Ier, par I. C. Sylva, 1774 — Alcantara (Pedro de), par Priaz — Pitt (W^m), par C. Browne — R. de Palafox, d'apr. Delerive — L'Archiduc Charles. Cinq pl. Belles épreuves.

POUSSIN (d'après Nicolas)

250. Œuvre de N. Poussin. Réunion de 66 pièces, par J. Pesne, G. Dughet, Audran, Poilly, Morghen, etc., la plupart en belles épreuves.

RAMSAY — KAUFFMAN (d'après)

251. Prideaux Basset (J.), par J. Faber — Una, par Th. Burke. Deux pl. Belles épreuves.

RAOUX (d'après J.)

252. Les jeunes Musiciennes, par Bonnet. Bonne épreuve, *imp. en couleurs* (sans marges).

RAVENET (S. F.)

253. *The Triumph of Britannia*, d'apr. F. Hayman. Belle épreuve.

REMBRANDT VAN RIJN

254. Femme nue, les pieds dans l'eau (B. 200). Très belle épreuve.

255. *The Lord of the Vineyard paying his Labourers*, par W. Pether, 1766. Belle épreuve.

REYNOLDS (d'après Sir Joshua)

256. Banks (John), par W. Dickinson, 1774. Superbe épreuve, *avant la lettre*.

257. Diana, Viscountess Crosbie, par W. Dickinson. Magnifique et très rare épreuve, *avant toute lettre*, avec les armes.

258. *Elizabeth Countess of Derby*, par Dickinson, 1780. Superbe épreuve.

259. Mrs Mathews, par W. Dickinson. Superbe épreuve, *avant la lettre*, seulement avec les noms des artistes et l'adresse.

260. Henry Earl of Pembroke et Montgomery, par Dixon. 1769. Très belle épreuve.

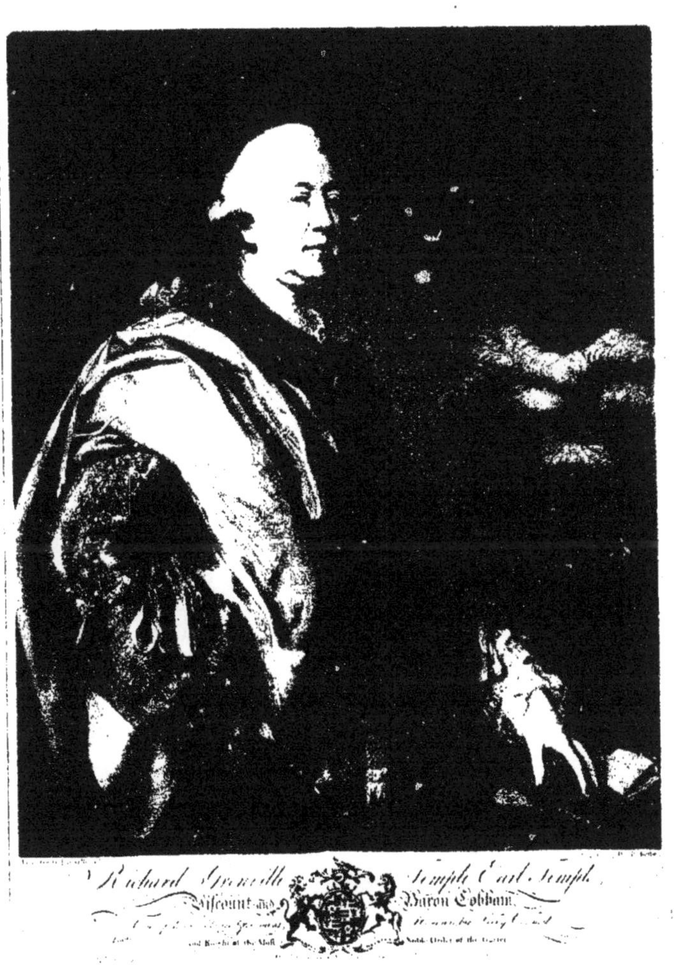

N° 264 du Catalogue.

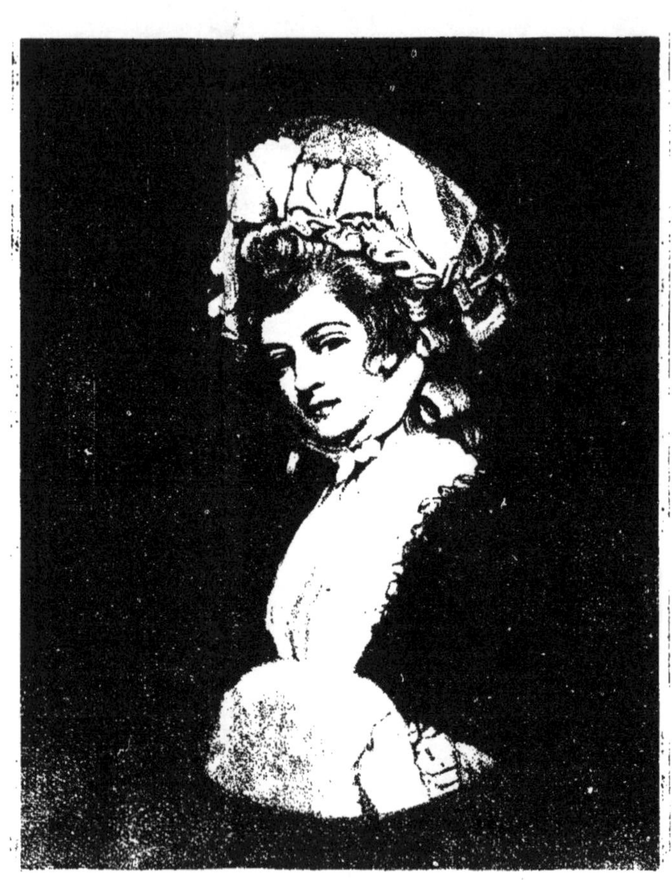

Numéro du Catalogue

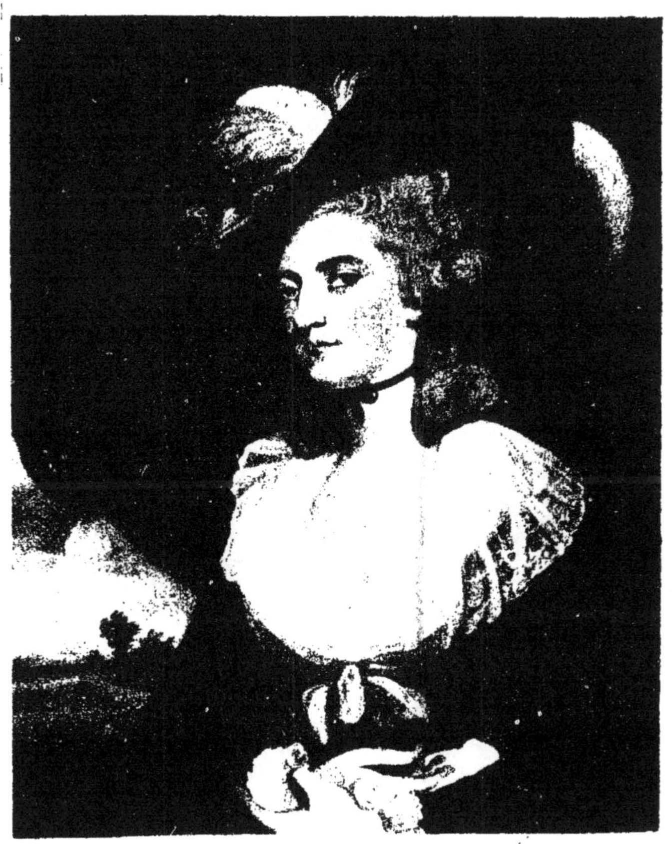

N° 201 du Catalogue.

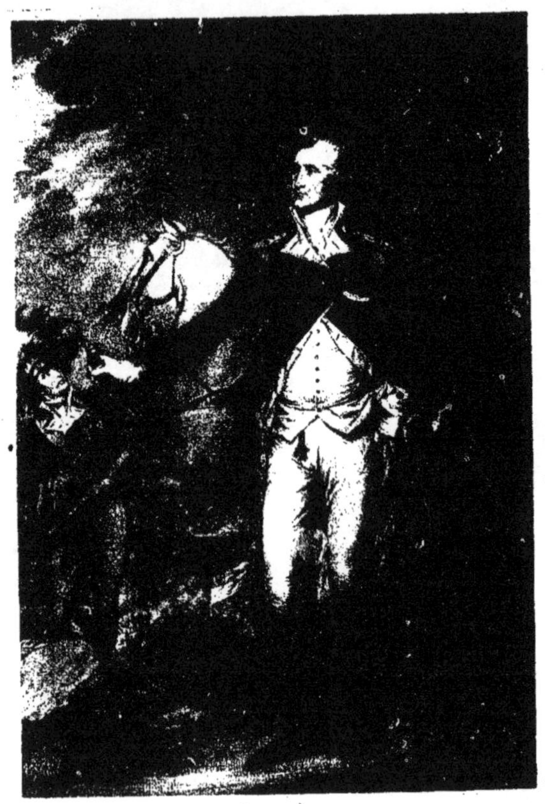

N° 1 du Catalogue.

261. Mrs Robinson, par W. Dickinson, 1785. Très belle épreuve, *à la lettre grise*, (légère épidermure).

262. Mrs Robinson, par J.-R. Smith, 1781 (J.-F. 291). Très belle épreuve (petite cassure).

263. *His Grâce Charles Duke of Rutland*, par W. Dickinson, 1792. Très belle épreuve.

264. Richard Grenville Temple, par W. Dickinson. Superbe épreuve (la date en marge grattée).

265. Ariane, par W. Doughty. Très belle épreuve (courte de marges).

266. *Hope* — Tempérance — Prudence. Trois pl. par G.-S. et J.-G. Facius (2 en belles épreuves).

ROBERT (d'après Hubert)

267. Vue des principaux Monuments de Rome, par Lienard — Vue du Pont du Sphinx, par Martini — Temple de la Sibyle à Tivoli — Deuxième vue de Bohême. Quatre pl. Belles épreuves.

ROMNEY (d'après G.)

268. Isaac Reed, par W. Dickinson, 1796. Superbe épreuve.

269. *The Right hon[ble] Lord Thurlow*, par W. Dickinson. Très belle épreuve à la *lettre grise*.

ROSA (Salvator)

270. Sujets divers et Allégories. Soixante-dix pièces (tirage du XVIIIe siècle).

SARTORIUS (d'après N.)

271. Hunting, pl. III : At Fault, par Peltro et Neagle. Belle épreuve.

SCHALL (d'après F.)

272. Paul et Virginie, par Descourtis. Très belle épreuve, *imp. en couleurs.*

273. Les Cerises — Le Ruisseau. Deux pl., par A. Le Grand, se faisant pendants. Très belles épreuves *imp. en couleurs* et rehaussées.

274. Les Désirs de l'Amour, par A. Le Grand. Très belle épreuve.

275. Les Plaisirs de l'Hymen, par A. Le Grand. Très belle épreuve, *coloriée.*

SCHMIDT (G.-F.)

276. Pesne (Ant.), d'apr. lui-même. Très belle épreuve.

SCOTTI (d'après Luigi)

277. Musiciens et Acteurs. Suite de 4 pl., renfermant de nombreux médaillons. Très belles épreuves.

SMITH (J.-R.)

278. An Evening Walk, 1783 (J. Frankau 131). Belle épreuve.

STEEN, SCHALCKEN, METZU, VAN DE VELDE

279. La Collection hollandoise, par Basan — La Vieille inquiète, par de Mautort — Le Marché aux herbes, par David — La Treille — Chasse royale, par Malbeste. Cinq pl. Très belles épreuves.

STRANGE (R.)

280. *Vénus blinding Cupid,* d'apr. Titien — Cupid Sleeping — Vénus attired by the Graces, d'apr. G. Reni. Trois pl. Belles épreuves.

STUBBS (d'après G.)

281. *The Spanish Pointer*, par W. Woollett, 1768. Très belle épreuve.

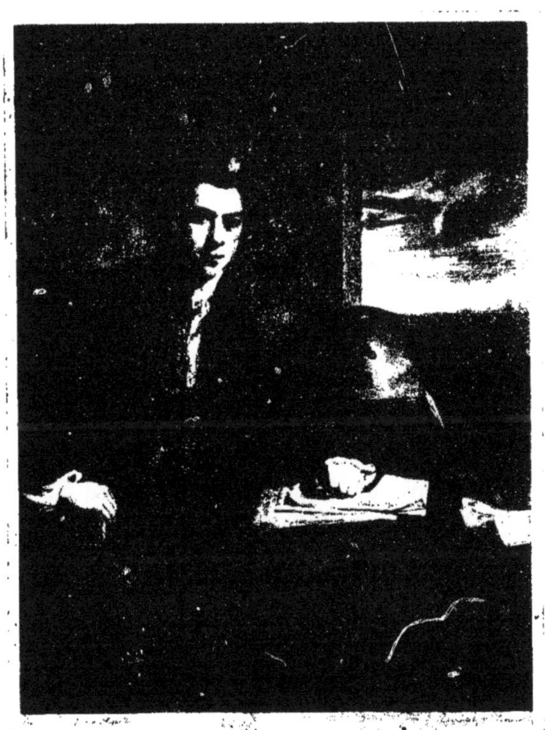

N° 256 du Catalogue.

SUISSE (Estampes relatives à la)

282. Une Partie des Glaciers du Grindelwald — Chute d'eau appelée Staubbach — Glacier du Breithorn — Breitlauwinen. Quatre pl. par Aberli, Pfeninger et Wolf. Très belles épreuves, rehaussées d'aquarelle.

TAUNAY (d'après N.-A.)

283. La Foire de village, par C.-M. Descourtis. Superbe épreuve, *imp. en couleurs.*

284. La Rixe, par C.-M. Descourtis. Superbe épreuve *imp. en couleurs.*

285. La même estampe, en même condition.

TÉNIERS (d'après David)

286. Les Saisons. Suite de 4 pl., par Jorma (Major). Très belles épreuves.

287. Sujets de Canards. Deux pl., par Le Bas, se faisant pendants. Très belles épreuves.

288. Scènes Flamandes — Fêtes de Village. Douze pl. par Le Bas, Martini, T. Major, etc. Belles épreuves.

TOMKINS (P.-W.) et EGINTON (J.)

289. Dernière entrevue de Louis Seize avec sa famille, d'apr. M. Brown. Très belle épreuve, *impr. en couleurs* et *rehaussée.*

TRIÈRE (Ph.)

290. La Bergère des Alpes. Très belle épreuve.

TROY (d'après F. de)

291. Histoire d'Esther, 4 pl. (d'une suite de 7), par Beauvarlet. Belles épreuves.

TROY (d'après J.-B.-F. de)

292. *A quel dessein aimable enfant.... — Soit d'un époux....* 2 pl., par J. Chereau, se faisant pendants. Très belles épreuves.

TURNER (C.)

293. Duncan (Lord Viscount), d'apr. D. Orme (A.W. 164). Superbe épreuve à toute marge.

VANDER MEER, RUISDAEL, GOYEN, MERKELN

294. Tems froid et neigeux — Divertissement d'hyver — Vue de Skervin — Vue entre La Haye et Rotterdam — Ville de La Haye — Vue de Lemmer, etc. Sept pl., par Le Bas, Basan, Lucas, Demonchy et Lebas. Très belles épreuves.

VANLOO (d'après Carle)

295. Mlle Clairon, dans Médée, par L. Cars et Beauvarlet. Très belle épreuve.

296. La Confidence — La Sultane. Deux pl., par Beauvarlet, se faisant pendants. Belles épreuves.

297. Conversation Espagnole — Lecture Espagnole. Deux pl., par Beauvarlet, se faisant pendants. Très belles épreuves.

298. Echec et Mat, par Henriquez. Très belle épreuve.

VANLOO (d'après L.-M.)

299. Catherine Opalinska, Reine de Pologne, par N. de Larmessin. Très belle épreuve.

VELAZQUEZ (d'après Z.)

300. Suite de 8 estampes relatives aux Evénements d'Espagne (mars-mai 1808), par B. Ametler, Enguidanos, Alegre, etc. Très belles épreuves.

VERNET (d'après Joseph)

301. Les Ports de Mer de France. Suite complète de 18 planches, grand in-fol., par Cochin fils et Le Bas, y compris les 2 pl. supplémentaires de Cochin (Rouen). Très belles épreuves.

302. La Belle matinée? par P. Benazech. Très belle épreuve, *avant la lettre.*

303. Fête sur le Tibre à Rome — Le Vaisseau napolitain à la rade. Deux pièces par Duret et Dufour. Très belles épreuves.

304. IIIe et IVe Vues d'Italie. Deux pl. par Le Bas. Très belles épreuves.

305. La Barque mise à flot — Le Rocher percé. Deux pl. par Mlle Bertaud, se faisant pendants. Très belles épreuves.

306. Le Matin — Le Midi — La Nuit. Trois pl. par Cathelin. Très belles épreuves.

307. Les Occupations du rivage — La Source abondante, 2 pl. par Le Bas, se faisant pendants. Très belles épreuves.

308. L'Onde Tranquille — L'Onde agitée. Deux pl. par de Lorraine et Tardieu, se faisant pendants. Belles épreuves.

309. Le Vaisseau submergé — L'Acqueduc Italien. Deux pl. par Le Veau, se faisant pendants. Très belles épreuves.

310. Scènes de Tempête, 2 pl. par Poilly et Flipart, se faisant pendants. Très belles épreuves.

311. Vue de Naples — Vue des Environs de Naples, 2 pl. grand in-fol., par Le Bas et Duret. Belles épreuves.

312. Paysages. Deux pl., par de Longueil, Nicolet et Cathelin, se faisant pendants. Très belles épreuves.

313. Vue des Galères de Naples — Vue de Pausilype, près de Naple — Vieux Port d'Italie. Trois pl., par Le Bas, Daudet et Duret. Très belles épreuves.

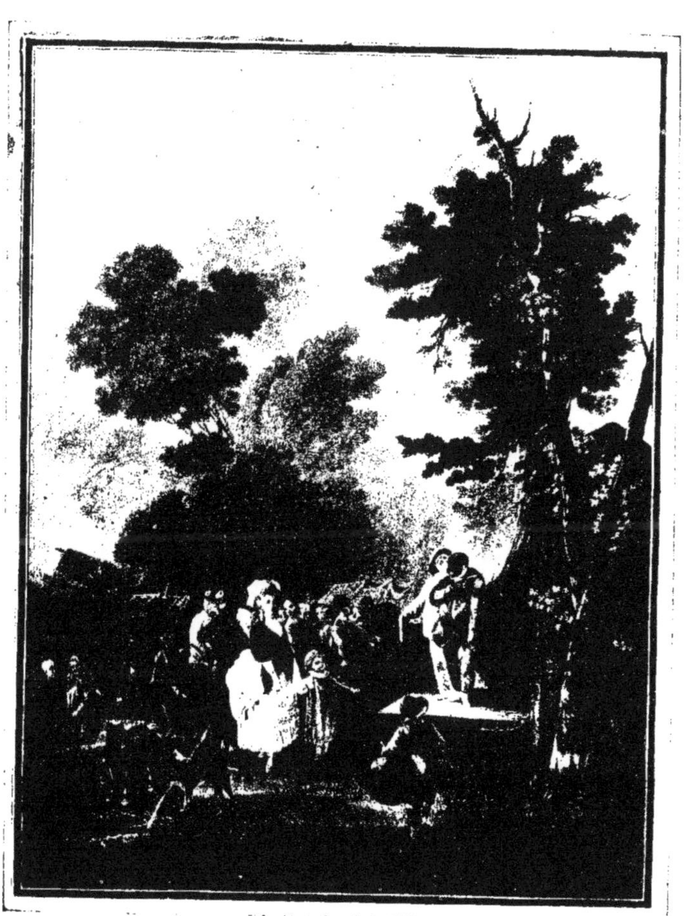

N° 283 du Catalogue.

314. Le Coup de vent — Le Rocher dangereux — Incendie nocturne, 3 pl. par Le Charpentier, Tardieu et Aliamet. Belles épreuves.

315. Le Vaisseau submergé — Le Désastre de la mer — Le Vaisseau foudroyé — Le Navigateur au désespoir. Quatre pl. par Le Veau, Nicollet, Binet et Poilly. Très belles épreuves.

316. La Pêche au fanal — La Pêche à la ligne — Départ pour la pêche — La Pêche en eau douce. Quatre pl., par Duret, Benazech, Le Veau et Le Bas. Très belles épreuves.

317. Les Femmes à la pêche — Les Baigneuses — L'Aurore d'un beau matin — Le Rocher dangereux — La Mer calme — Le Vaisseau en radoubement. Sept pl. par Le Veau, Benezech, St Flour, etc. Belles épreuves.

VERNET (d'après Carle)

318. La Danse des chiens, par Levachez fils. Très belle épreuve, *imp. en couleurs* (tachée dans la marge du bas).

WATTEAU (d'après Ant.)

319. L'Avanturiere (*sic*), par Crepy fils (109). Belle épreuve.

320. La Conversation, par M. Liotard (123). Superbe épreuve.

321. Bon Voyage, par Crepy fils (169). Très belle épreuve.

322. Le Moulin de Quinquengrogne, par E. Cousinet (198). Très belle épreuve. N. B. Malgré l'indication : *Peint par Lancret*, cette pl. est donnée à Watteau, par E. de Goncourt.

323. Le Théâtre — La Déesse (251-252), 2 pl. (d'une suite de 4), par Huquier. Belles épreuves.

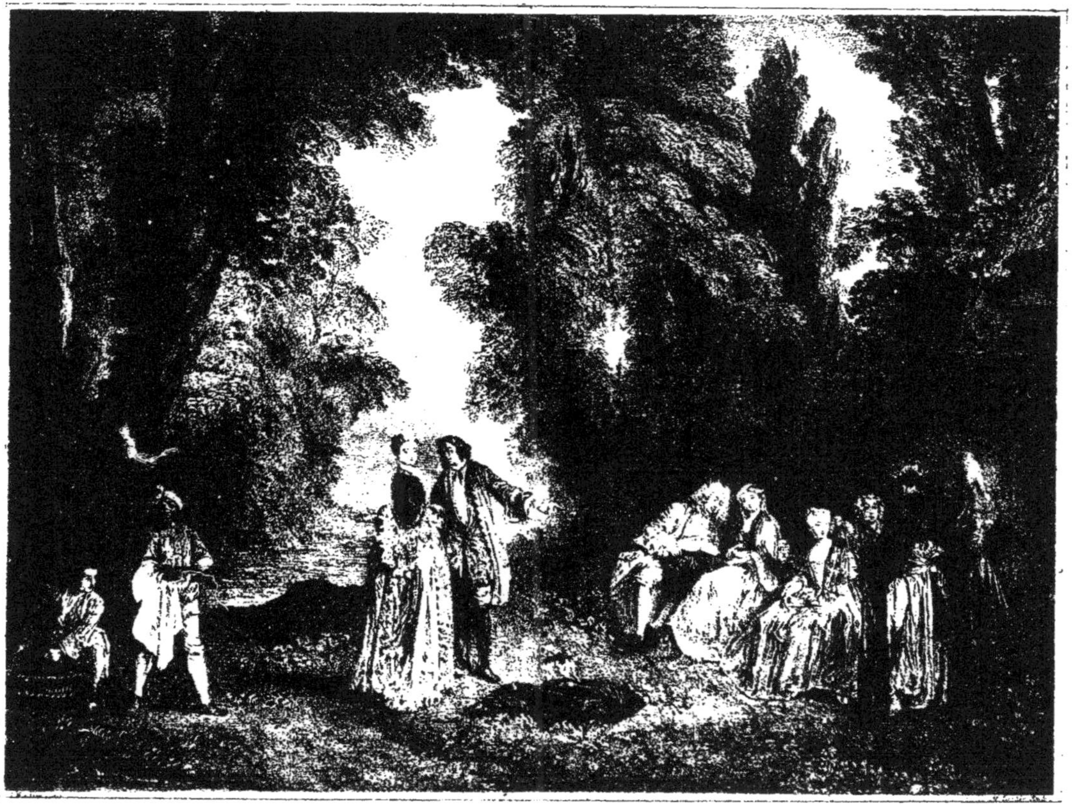

N° 320 du Catalogue.

324. La Pélerine altérée, par Huquier (277). Belle épreuve.

325. Rubens, par Demarteau (n° 340). Belle épreuve, *tirée en 2 tons*.

WHEATLEY (d'après F.)

326. Les Heures Champêtres, par H. Gillbank. Suite de quatre pièces. Belles épreuves à grandes marges.

WILLE (J.-G.)

327. Le Concert de Famille, d'apr. G. Schalken. Très belle épreuve.

328. Petite Ecolière — Maîtresse d'Ecole — La Ménagère hollandaise — Jeune Joueur d'Instrument — Bons Amis — L'Observateur distrait. Six pl., d'apr. Schenau, Wille fils, G. Dow, Ostade, Miéris et Schalcken. Très belles épreuves.

329. Agar présentée à Abraham, d'apr. Dietricy — Repos de la Vierge, d'apr. Dietricy — La Dévideuse, d'apr. G. Dow — Bons Amis, d'apr. Ostade, Quatre pl. Très belles épreuves.

WILLE fils (d'après)

330. Les Conseils Maternels — La Mère indulgente. Deux pl. par L. Lempereur, se faisant pendants. Belles épreuves.

331. Les Délices maternelles, par J.-G. Wille. Très belle épreuve.

332. L'Heureux vieillard, par J. Aveline. Très belle épreuve.

333. La Nouvelle affligeante, par Cathelin. Très belle épreuve.

WOSSINIK (J.-P.)

334. Jeune Femme en buste. Superbe épreuve, *avant la lettre, tirée en sanguine.*

WOUWERMANS (d'après Ph.)

335. Sujets flamands et hollandais. Vingt-six pl., la plupart par J. Moyreau. Très belles épreuves.

FRAZIER-SOYE

IMPRIMEUR

153-157, rue Montmartre

PARIS

www.ingramcontent.com/pod-product-compliance
Ingram Content Group UK Ltd.
Pitfield, Milton Keynes, MK11 3LW, UK
UKHW021650260726
13994UKWH00003B/1379